Thomas Lardon

Quizbuch Bibel

Was mich zu meinen Filmen inspiriert hat?
Die Geschichten in der Bibel!

George Lucas

Produzent & Regisseur (Star Wars-Trilogien u.a.)

Thomas Lardon

ist so etwas wie ein »Bibelquiz-Experte« und hat bereits drei Bücher zu dem Thema verfasst: »Die Bibel – das Buch der Rekorde«, »Das große RTL-plus Bibelquiz« und »Denn sie wissen nicht, wo es steht«.

Im Gütersloher Verlagshaus ist von ihm ein Kartenset zu den Erzengeln der Bibel erschienen: »Himmlische Mächte begleiten deinen Weg«.

Inhalt

Einleitung

»Die Bibel? Dieses dicke schwarze Buch ganz hinten im Regal? Da hab' ich ja seit der Konfirmation nicht mehr reingeschaut!«
oder eher so:
»Ich lese jeden Tag darin, also meistens. Und die Losungen auch. Ja, ich glaube, ich kenne mich ganz gut aus ...«

Einen ziemlichen Spagat habe ich mir da vorgenommen! Aber ich wage es, denn ich bin immer noch so begeistert von diesem Buch:

- weil es jede Lebenssituation beschreibt,
- weil es jede literarische Form enthält,
- weil es langweilig wie das »Handbuch der Testamentsvollstreckung« sein kann
- und spannend wie ein Fitzek-Krimi,
- weil es die Menschen und ihre Abgründe zeigt,
- weil es Hilfe anbietet, wenn man nicht mehr weiterweiß
- und weil es von Gott erzählt, der uns oft so fern erscheint, und wir doch alle ein Bild von ihm sind.

Dieses Quizbuch will Sie dazu verführen, die Bibel wieder in die Hand zu nehmen. Wählen Sie ein Thema, das Sie anspricht, suchen Sie eine Frage aus. Vielleicht fällt Ihnen die Antwort gleich ein – oder im Moment so gar nicht. Auf jeden Fall steht in den Antwortseiten dann das, was Sie doch sowieso schon gedacht haben. Meistens jedenfalls.
Ich wünsche Ihnen viel Spaß dabei!

Ihr Thomas Lardon

Zwei Tipps für Neueinsteiger

1. Lesen Sie eine moderne Bibelausgabe.

Martin Luther hat einen super Job gemacht, aber das ist schon ein bisschen her. Die Sprache hat sich verändert, und einige Ausdrücke sind vielleicht unverständlich. Die gaaanz modernen Übersetzungen (»Hi Jesus, wie geht's dir, Dude?«) würde ich aber nicht empfehlen. Mein Vorschlag: die sogenannte »Einheitsübersetzung«, da haben Hundertschaften von Theologen jahrzehntelang dran gearbeitet. Kann also nicht ganz falsch sein.

2. Fangen Sie nicht gleich vorne an.

Da steht die Schöpfungsgeschichte, die kennen Sie schon. Ich würde weiter hinten, im Neuen Testament, mit dem »Johannesevangelium« beginnen. Johannes kannte Jesus möglicherweise noch persönlich, und er hat einen guten Schreibstil. Beim Quiz werden Sie ohnehin durch die ganze Bibel geführt.

Wie man an diesem Buch nicht verzweifelt

Es ist gar nicht so schlimm. Obwohl es mich sehr wurmt, wenn ich bei meinem täglichen Online-Quiz nur 7 von 10 Punkten schaffe ...

Die erste Regel lautet also: nicht ärgern. Die Bibel mit ihren über 31.000 Versen und die Fakten über die Frühgeschichte des Christentums können einen schon nervös machen. Aber schließlich geht es doch um einen neuen Blick in das Buch der Bücher, erstaunt, schmunzelnd – und froh, wieder etwas gelernt zu haben. Zu entdecken gibt es nämlich eine ganze Menge.

1. Das Quiz besteht aus 10 Kapiteln mit jeweils 12 Fragen, also 120 Fragen insgesamt.

2. Sie brauchen nur einen Stift und etwas Konzentration, dann kann's losgehen. Beginnen Sie mit dem Kapitel, das Ihnen am meisten zusagt. Entscheiden Sie sich bei jeder Frage für a), b), c) oder d) und kreisen Sie Ihre Antwort ein. Es gibt immer nur eine richtige Antwort. Dann nehmen Sie sich das nächste Kapitel vor.

3. Die richtigen Antworten stehen ab Seite 75. Ich habe sie etwas ausführlicher formuliert, schließlich will man es ja genau wissen.

4. Gleichen Sie Ihre Wahl mit den Antworten ab und tragen Sie die am Rand stehende Punktzahl in die Ergebniszeile ein. Für jede richtige Antwort gibt es einen Punkt.

Was gar nicht geht

Es ist Ehrensache, selbstverständlich, was bin ich für ein Vorbild für die Kinder, wenn der Pfarrer das erfährt ...
Nein! Googeln, Wikipedia, schon mal in die Antworten gucken: Das geht gar nicht.
Nur wenn es wirklich nicht anders geht.

Wenn Sie Ihre Punktzahlen der einzelnen Kapitel zusammenzählen, erhalten Sie das Gesamtergebnis. Und dann geht's zur Siegerehrung!

Der bronzene Altar im Tempel (2 Chr 4)

Die Themen

I.

Der menschliche Körper – und wie die Bibel ihn sieht

1

Welches Sinnesorgan wird im Alten Testament am häufigsten erwähnt?

a Hand

b Angesicht

c Auge

d Ohr

2

Götzenbilder werden von den Autoren der Psalmen verachtet, weil sie zwar einen Körper haben, aber mit ihm nichts anfangen können. Wie viele unnütze Körperteile werden namentlich erwähnt?

a 3

b 9

c 5

d 7

3

Frauen, die etwas Besonderes gelernt oder Lebenserfahrung gewonnen haben, wurden in Israel als »Menschen mit offenen Ohren« bezeichnet. Welche Berufsgruppe wurde dabei nicht erwähnt?

a Klageweiber

b Beraterinnen

c Spinnerinnen

d Köchinnen

Wenn Männer in Israel sich die Haare scheren ließen, war das ein Zeichen für … 4

Reinlichkeit a

Schande b

Kopfläuse c

Ergebenheit d

Wenn in Israel ein neuer König gesalbt und gekrönt wurde, feierte das umstehende Volk ihn mit … 5

Händeklatschen a

Sekt und Häppchen b

ehrfurchtsvollem Schweigen c

Kniefall und Verbeugung d

In Israel waren die Funktionen der Hände, besonders bei priesterlichen Handlungen, klar geregelt. Was wurde dabei niemals mit der linken Hand verrichtet? 6

Erteilung eines Vorzugssegens a

Reinigung der Trinkgefäße b

das Halten von Ölgefäßen bei Krankensegnungen c

das Begrüßen von Gästen d

7 Barfuß zu gehen ist in der Bibel ein Zeichen für ...

a Vertrautheit

b Ehrfurcht

c Bequemlichkeit

d Machtlosigkeit

8 Die Fußwaschung gehörte im ganzen Mittelmeerraum zur täglichen Reinigung. Wer musste einem anderen aber nie die Füße waschen?

a Witwen

b Minderjährige

c Freie Männer

d Hausverwalter

9 Was ist Gott verhasst?

a verschlossene Ohren

b ungewaschene Füße

c hochmütiger Blick

d stolze Augen

10

Der Tod ist für alle gleich und gerecht. Oder nicht? Für die Autoren der Bibel ist der Tod hinnehmbar, wenn …

er stellvertretend ist **a**

er schmerzlos und schnell ist **b**

er im reifen Alter kommt **c**

er im Kindesalter kommt **d**

11

Wofür steht die braune (auch schwarze) Hautfarbe des Geliebten (der Geliebten?) im Hohelied, dem »Lied der Lieder«?

für die liebende Weite **a**

für Hingabe **b**

für das ganz Andere **c**

für unerkannte Gefahr **d**

12

Als ihr Mann, der König Ahab, im Krieg fiel, versuchte Isebel den Oppositionsführer Jehu zu verführen. Was tat sie?

Sie zog ihr kostbarstes Kleid an. **a**

Sie ließ sich an (zunächst nicht sichtbaren) Körperstellen tätowieren. **b**

Sie machte eine Fastenkur. **c**

Sie schminkte sich auffällig. **d**

Der Räucheraltar (Ex 30,1-5)

Die Themen

II.

Überbringer schlechter Nachrichten – Die Propheten

1 Welchem Propheten gab Gott den Auftrag: »Gehe noch einmal hin und liebe die Frau, die einen Liebhaber hat und Ehebruch betreibt«?

a Baruch

b Jesaja

c Hosea

d Maleachi

2 Jeremia war ein pessimistischer und trauriger Prophet. Seine Klagelieder inspirierten Komponisten daher zu großen Werken. Wer war der Bekannteste von ihnen?

a Wolfgang Amadeus Mozart

b Johann Sebastian Bach

c Joseph Haydn

d Georg Philipp Telemann

3 Was musste Jesaja im Auftrag Gottes tun, um Demütigung, Vertreibung und Gefangenschaft anzukündigen?

a sich vor des Königs Tür setzen und laut weinen

b drei Jahre lang nackt und barfuß umherlaufen

c vierzig Tage in die Wüste gehen

d sich selbst mit Peitschenhieben kasteien

Die alttestamentlichen Propheten waren … 4

Mitglieder eines anerkannten Berufsstandes a

von Gott berufen, ausschließlich die Sünden Israels zu verdammen b

immer verheiratet c

ausschließlich männlichen Geschlechts d

Welcher Prophet setzte den Nachkommen eines Abstinenzlers Wein vor und forderte sie zum Trinken auf? 5

Haggai a

Obadja b

Jeremia c

Amos d

Welcher Viehzüchter wurde zum Propheten berufen und hatte einen großen, zornigen Auftritt vor dem König, der mit seiner Entlassung endete? 6

Samuel a

Amos b

Natan c

Elischa d

7 Welche Handlung führte ein Prophet aus, wenn er einen Nachfolger berief?

a Er legte ihm die Hände auf.

b Er steckte ihm den Prophetenring an den Ringfinger der rechten Hand.

c Er warf seinen Mantel über ihn.

d Er überreichte ihm im Tempel das Berufungsschreiben.

8 Barjesus behinderte die Missionsarbeit von Paulus und Barnabas während ihres Aufenthalts auf Zypern. Was tat er?

a Er behauptete, die Inkarnation von Jesus zu sein.

b Er lud sie in eine fragwürdige Bar ein und verleumdete sie.

c Es war sein Spitzname, er war Alkoholiker.

d Er gab sich als falscher Prophet aus.

9 Maleachi war einer der späten Propheten Israels, der sich von den anderen Propheten unterschied, weil er …

a die Israeliten zum Verbleib in der babylonischen Gefangenschaft ermutigte

b stilistisch glasklar und logisch formulieren konnte

c toleranter gegenüber denen war, die auch andere Götter verehrten

d neue Freiheiten in der Gefangenschaft durchsetzte

Auch ein Prophet braucht Inspiration. Was inspirierte Elischa? 10

ein Harfenspieler a

ein Spaziergang b

ein Abend am Meer c

eine Tempeltänzerin d

Der Prophet Elischa ist krank, er wird wohl sterben. König Joasch besucht ihn, und Elischa fordert ihn auf, mit Pfeilen auf den Boden zu schlagen. Als er es tut, wird Elischa stinksauer. Warum? 11

Joasch hat mit den Pfeilen Elischas Fuß getroffen. a

Joasch schlägt dreimal mit den Pfeilen auf den Boden. b

Joasch hat die Pfeile vergessen. c

Joasch weigert sich. d

Als der Prophet Jeremias im Amt war, arbeiteten nicht alle von seinen Arbeitskollegen ganz sauber. Er beklagt sich darüber, dass die Propheten ... 12

lügen und reden, was das Volk hören will a

bestechlich sind b

ein zügelloses Leben führen c

sich an Wettspielen beteiligen d

Der goldene Leuchter (Ex 25,31-40)

Die Themen

III.

Das Finale – Endzeit und Offenbarung

1 Beim »Letzten Gericht« werden die Toten vor dem Gottesthron stehen. Dann werden verschiedene Bücher aufgeschlagen, und ein Buch davon heißt …

a Buch des Gesetzes

b Buch des Lebens

c Buch der Vergebung

d Buch der Wahrheit

2 Wer oder was ist eigentlich Gog?

a ein Bruder von Josua

b ein teuflisches Wesen aus dem Norden

c ein heißes Kultgetränk zur Zeit Nebukadnezars

d eine Engelsfigur am Himmelstor

3 Der Engel, der mit Johannes sprach, stand unter goldenen Leuchtern und hielt Sterne in der Hand. Wie viele Sterne waren es?

a 12

b 4

c 9

d 7

Als sich in der Vision die Himmelstür öffnete, sah Johannes zunächst einen Thron. Dann entdeckte er aber noch weitere Throne, die rings um den zentralen Thron standen. Wie viele waren es? **4**

21 Throne **a**

24 Throne **b**

13 Throne **c**

12 Throne **d**

Wer schrieb (nach neuesten Forschungen) wahrscheinlich die Offenbarung des Johannes, das letzte Buch der Bibel? **5**

Johannes, der Täufer **a**

Johannes, der Fischer und spätere Apostel **b**

unsicher **c**

Johannes, der Evangelist **d**

Das »Lamm« brach das siebte Siegel auf, und sofort wurde es im Himmel mucksmäuschenstill. Wie lange hielt die Stille an? **6**

10 Minuten **a**

60 Minuten **b**

30 Minuten **c**

einen Monat **d**

7

Die große Stimme vom Thron sagte: »Es ist vollbracht.« Darauf antworteten die Elemente mit …

- **a** Hagelkörnern
- **b** einem Erdbeben
- **c** einem sanften Regen
- **d** Stille

8

Ohne das »Malzeichen des Tieres« (an der rechten Hand, an der Stirn, durch lautes Aussprechen des Namens des Tieres oder Nennung der Zahl seines Namens) durfte niemand mehr …

- **a** weissagen
- **b** reisen
- **c** kaufen und verkaufen
- **d** wählen

9

Die in der Offenbarung handelnden Personen werden in der Vision von starken Bildern verkörpert. Welches Bild stellt den Tod dar?

- **a** das große Tier
- **b** der Reiter des fahlen Pferds
- **c** der Reiter des schwarzen Pferds
- **d** der feuerspuckende Drache

Die neue Stadt Jerusalem entsteht.
Woraus bestand die Stadtmauer? **10**

aus reinem Gold **a**

aus Glas **b**

aus Diamanten **c**

aus Jaspis **d**

George Lucas verwendet in seinen Blockbuster-Filmen häufig Zitate aus der Bibel, hauptsächlich aus der Offenbarung. In welchen Filmen wird das besonders deutlich? **11**

Indiana Jones **a**

Star Wars **b**

Raiders of the Lost Ark **c**

American Graffiti **d**

Die Offenbarung wird Johannes von einem Sprecher verkündet. Was kam dabei aus dem Mund des Sprechers? **12**

eine Zunge aus Feuer **a**

eine bronzene Lanze **b**

ein scharfes Schwert **c**

schwelender Rauch **d**

Eines der zehn fahrbaren Gestelle im Tempel (1 Kön 7,27-28)

Die Themen

IV.

Der Mutige – Mit Paulus unterwegs

1 Paulus war sich sicher: wenn Christen sterben, gehören sie ...

a der Familie

b dem Himmel

c den Engeln

d dem Herrn

2 Wer sich taufen lässt, hat bildlich ...

a Christus lieb

b Christus angezogen

c Christus aufgenommen

d Christus vertraut

3 Welchen Beruf hatte Paulus ursprünglich gelernt?

a Goldschmied

b Zimmermann

c Hirte

d Zeltmacher

Wie viel Zeit war nach dem Kreuzestod von Jesus vergangen, als Paulus sein Erweckungserlebnis auf der Straße nach Damaskus hatte? 4

ca. 8 Jahre a

ca. 6 Jahre b

ca. 2 Jahre c

im selben Jahr d

Einer der ersten Christen, den Paulus in Jerusalem traf, war der Apostel Petrus. Später zerstritt er sich mit ihm und mit Barnabas, der sogar nicht mehr mit ihm reisen wollte. Worum ging es dabei? 5

die Frage, ob man mit Nichtjuden gemeinsam essen dürfe a

die Frage, ob man jemand mitnehmen soll, der einen zuvor enttäuscht hatte b

die Frage, ob auch Frauen als Reisebegleitung erlaubt wären c

die Stellung der Judenchristen in den neuen Christengemeinden d

6 Auf seiner zweiten Missionsreise fuhr Paulus nach Europa – zunächst nach Philippi, dann nach Thessalonich. Wie erging es ihm dort?

a Prächtig. Er wurde freundlich empfangen und blieb mehrere Monate.

b Es gefiel ihm dort nicht, er zog nach ein paar Wochen weiter.

c Er gründete eine Gemeinde und zog dann weiter.

d Andere Juden aus der Synagogengemeinde verklagten ihn. Er musste bei Nacht und Nebel fliehen.

7 Wer war Demas?

a der Gründer der Gemeinde zu Korinth

b ein Gefährte von Paulus, der ihn aus »Liebe zu dieser Welt« verließ

c der Arzt, den Paulus in Athen aufsuchte

d der zweite Reisebegleiter von Paulus auf der Reise nach Athen

8 Paulus fühlte sich berufen ...

a zu predigen und nicht zu taufen

b zu predigen und zu taufen

c nicht zu predigen und nicht zu taufen

d nicht zu predigen, aber zu taufen

Paulus bewertet die Wichtigkeit von folgenden Berufsgruppen, und zwar in dieser Reihenfolge: 9

Apostel, Propheten, Lehrer, Ärzte a

Propheten, Apostel, Ärzte, Lehrer b

Lehrer, Apostel, Propheten, Ärzte c

Apostel, Propheten, Ärzte, Lehrer d

Wenn man die Arbeitsweise des Paulus betrachtet, würde man ihn am ehesten bezeichnen als … 10

gut vernetzten Teamplayer a

Konzernchef mit mehreren Abteilungsleitern b

Ein-Mann-Unternehmen c

Geschäftsführer von mehreren Filialen d

Betrachtet man den Einfluss von paulinischem Gedankengut in den Büchern des Neuen Testaments, so kann man ihn am ehesten bezeichnen als … 11

wichtig a

zu vernachlässigen b

dominant c

untergeordnet d

12 Die dramatische Bekehrung des Paulus war (und ist) bei Künstlern ein sehr beliebtes Motiv. Wer hat es aber nicht gemalt?

a Pieter Bruegel d.Ä.

b Michelangelo

c William Turner

d Caravaggio

Die Themen

V.

Ein neues Lied – Die Psalmen

1 Die Psalmen im Alten Testament enthalten wie viele Lieder und Gebete?

a 211

b 150

c 138

d 142

2 In einem der Psalmen wird vor einem schrecklichen Unwetter gewarnt, in dem …

a die Fische im Meer umkommen

b die Weinreben vom Hagel zerstört werden

c der Nordwind die Ernte vernichtet

d Blitze in Zedernbäume einschlagen

3 In Psalm 132 ist von der Bundeslade die Rede. Gebaut wurde sie von dem Handwerksmeister Bezalel. Der war offensichtlich ein Allroundtalent, denn Mose vertraute ihm ganz unterschiedliche Gewerke an. Was befähigte ihn dazu?

a Er hatte am Hofe Pharaos die Goldschmiedekunst gelernt.

b Gottes Geist befähigte ihn dazu.

c Der Prunkthron der Königin zu Saba war sein Meisterstück.

d Er hatte den Stab gebaut, mit dem Mose die Fluten teilte.

König David, der als Dichter vieler Psalmen gilt, war nicht nur ein Poet, sondern auch ein ... 4

Sänger, Instrumentalist, Chorleiter, Orchesterdirigent, Tänzer **a**

Instrumentalist, Orchesterdirigent, Sänger, Tänzer **b**

Tänzer, Instrumentalist, Chorleiter, Sänger **c**

Chorleiter, Tänzer, Instrumentalist **d**

Etwas für Läufer: »... wer aus seiner Kammer hinausgeht und sich wie ein Bräutigam freut, die Bahn zu laufen, der fühlt sich wie ...« 5

ein Frühlingsmorgen **a**

ein Held **b**

ein Sieger **c**

im falschen Film **d**

Die Ströme sollen ... 6

brausen vor Freude **a**

ein Loblied singen **b**

fröhlich sein **c**

in die Hände klatschen **d**

7 Die Segensformel »Er lasse (über uns) sein Angesicht leuchten« stammt aus …

a Psalm 23

b Psalm 151

c Psalm 67

d Psalm 17

8 In Psalm 89 wird Gott angeklagt, er habe …

a in seinen Strafen übertrieben

b sein Volk vernachlässigt

c das Bündnis gebrochen

d andere Völker vorgezogen

9 Über Moab sagte Gott zu David etwas ganz Besonderes. Er bezeichnet ihn als …

a mein Elend

b meinen Busenfreund

c mein Waschbecken

d meinen Schutzhelm

10 Der längste Psalm ist der …

a 4. Psalm

b 23. Psalm

c 119. Psalm

d 150. Psalm

Im 148. Psalm wird die Schöpfung aufgefordert, Gott zu loben. Nur eines soll in das Lob nicht einstimmen: 11

das Feuer a

der Mond b

die Sonne c

die Seeungeheuer d

Sie »blähen sich auf wie ein dicker Bauch«, schimpft der Psalmist Asaf.
Wen meint er damit? 12

die Pharisäer mit ihrer Völlerei a

die heidnischen Könige, die Israel belagern b

die Witwen, die ihr Erbe verprassen c

die Frevler, die von Gott nichts wissen wollen d

Der Tisch mit den Schaubroten (Num 4,7)

Die Themen

VI.

Neues von – Jesus und seinen Jüngern

1 Jesus Christus ist der Überwinder des Todes. Was ist er gegenüber dem Tod aber nicht?

a der Erste

b der Lebendige

c der Verheißene

d der Letzte

2 Die Bitte Jesu, dass »der Kelch an mir vorübergehen möge«, bezog sich darauf, ...

a dass alle Tischnachbarn aus einem Kelch tranken und, weil der Wein sauer sein konnte, man ihn weitergeben durfte

b dass Jesus selber keinen Wein trank

c dass das Wort »Kelch« immer mit »Unglück« gleichzusetzen war

d der Gastgeber nicht nachschenken sollte

3 Zur Zeit Jesu gab es im Judentum 248 Gebote und 365 Verbote. Jesus reduzierte diese Gebote (auf Nachfrage eines Rabbiners) auf ...

a 131 Gebote

b 2 Gebote

c 10 Gebote

d 99 Gebote

Das »Jesusgebet« ist auch unter folgendem Namen bekannt: **4**

Hohepriesterliches Gebet **a**

Ein-Satz-Gebet **b**

Notgebet **c**

Kreuzgebet **d**

Familienfrage: Jesus hatte leibliche Schwestern und vier Brüder.
Es waren ... **5**

Judas, Johannes, Jakobus, Thomas **a**

Josef, Simon, Markus, Petrus **b**

Jakobus, Josef, Simon, Judas **c**

Simon, Johannes, Jakobus, Judas **d**

Jesus berief seine zwölf Jünger zu Aposteln.
Darunter waren ... **6**

2 Geschwister **a**

zweimal 2 Geschwister **b**

keine Geschwister **c**

dreimal 2 Geschwister **d**

7 Lazarus, ein Freund von Jesus, wurde plötzlich schwerkrank. Wie lange wartete Jesus, bevor er sich auf den Weg zu ihm machte?

a einen Tag

b Gar nicht, er ging gleich los.

c zwei Tage

d bis die Hitze des Tages nachließ

8 Jesus war auf dem Weg nach Galiläa, musste dabei aber durch Samarien. Warum tat er das?

a weil er zu den (von den Juden abgelehnten) Samaritern predigen wollte

b weil es der kürzeste Weg war

c um die Pharisäer zu irritieren

d weil er einer Einladung folgte

Jesus setzt sich müde und durstig an den (noch heute existierenden) Jakobsbrunnen. Er bittet die Frau, die dort Wasser holt, ihm zu trinken zu geben. Was ist das ganz Besondere an dieser Situation? **9**

Das kann nichts werden: Der Brunnen ist 32 Meter tief, Jesus hat keinen Eimer dabei, und aus dem Eimer der Frau darf er als Jude nicht trinken. **a**

Die Frau ist Samariterin. Die beiden dürfen gar nicht miteinander reden. **b**

Jesus bietet ihr Wasser an, das den Durst für immer stillt. **c**

Jesus verspricht, über intime Details aus dem Leben der Frau zu schweigen. **d**

Welche physischen Krankheiten heilte Jesus nicht? **10**

Augenleiden **a**

Knochenbrüche **b**

Lähmungen **c**

Gehörlosigkeit **d**

11 Jesus und Johannes der Täufer kannten sich nicht nur, sie waren wahrscheinlich auch miteinander verwandt. Sie waren nämlich ...

a Schwäger

b Neffen

c Stiefbrüder

d Cousins zweiten Grades

12 Josef aus Arimathäa, ein wohlhabendes Ratsmitglied und Anhänger von Jesus, legte die Leiche von Jesus in ein Grab, das er eigentlich für sich selbst in den Felsen hatte schlagen lassen. Dabei half ihm ein prominenter Pharisäer, nämlich ...

a Gamaliel

b Nikodemus

c Josephus

d Hananias

Die Themen

VII.

Von wegen Askese – Klöster und frühes Christentum

1 Wen bezeichnet man als »Narren um Christi willen«?

a einen Mönchsorden

b missverstandene Gläubige

c radikale Einsiedler

d humorvolle Geistliche

2 Die Mönchsbrüder Kyrill und Method haben ...

a die erste Methodensystematik erfunden

b die kyrillische Schrift entwickelt

c ihre Arbeitsweise »Erste Methode« genannt

d ein Kloster in Russland gegründet

3 In den frühen Ikonen-Malerwerkstätten durfte diese Arbeit nur der Meister ausführen:

a die Signatur der Ikone

b die Auftragung des Blattgoldes

c das Malen der unbekleideten Körperteile

d die erste Segnung der Ikone

4 Die orthodoxe Kirchenmusik ...

a erlaubt grundsätzlich keine Instrumente

b ist immer einstimmig

c findet nur in bestimmten Gottesdiensten statt

d darf nicht auf Tonträgern »konserviert« werden

Wo befindet sich der Sitz des 1948 gegründeten internationalen »Ökumenischen Rates der Kirchen«? 5

Frankfurt a

Rom b

New York c

Genf d

Die ersten Mönche waren Einsiedler. Wann lebten die ersten, von denen wir wissen? 6

2. Jahrhundert a

8. Jahrhundert b

11. Jahrhundert c

4. Jahrhundert d

Die orthodoxen Kirchen nutzen bei Segnungen die Gaben der Natur, z.B. Öl und Wein. Was wird an einem besonderen Feiertag noch gebraucht? 7

Rosmarin a

Salbei b

Basilikum c

Wasserlilien d

8 Die Paulaner wurden im 15. Jahrhundert bekannt, weil …

a sie nach den Worten des Apostel Paulus lebten

b sie ein besonderes Bier brauten

c der Heilige Paulus ein Kloster gründete

d sie sich nur von Fastenspeisen ernährten

9 Der »Sommerchor« …

a war eine Sängergemeinschaft von Mönchen, die sich nur im Sommer traf

b sang dafür bestimmte einstimmige Choräle, die den Sommer priesen

c war ein kühler Teil des Klosters für das tägliche Stundengebet

d war eine Gruppe von Chorfrauen im 12. Jahrhundert

10 »Windenschwestern« nennt man die Ordensfrauen, die …

a wetterkundig sind und vor Stürmen und Gewitter warnen

b im Kloster Winden im Sauerland leben

c den Verkehr zwischen Kloster und Außenwelt kontrollieren

d eine besonders schmerzhafte Form der Kasteiung praktizieren

»Terminieren« bedeutet ... 11

das Führen des klösterlichen Terminkalenders a

das Almosensammeln, besonders durch Bettelorden b

das Erdreich des Klostergartens umgraben c

den Zeitpunkt der Traubenernte festlegen d

Als »Evangelische Räte« bezeichnet man ... 12

Bischofsanwärter in der evangelischen Kirche a

Teile des Ordensgelübdes der katholischen Kirche b

externe Berater der evangelischen Kirche c

aus dem Evangelium hergeleitete Ratschläge d

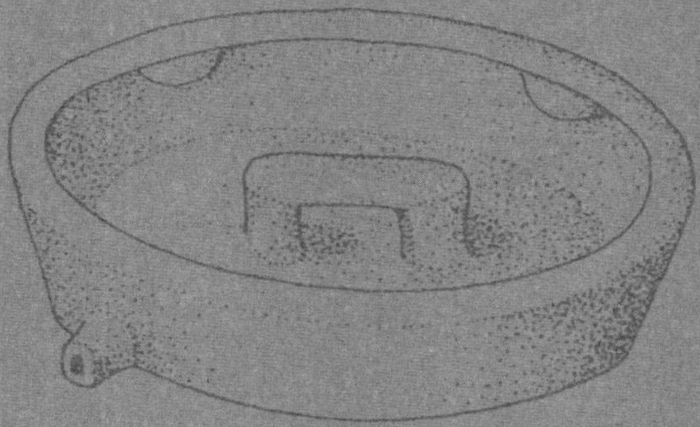

Fußwaschbecken (Samaria, 9./8. Jh. v. Chr.)

Die Themen

VIII.

Die Auserwählten – Das Volk Israel

1 Woher kommt der Ausdruck: »Finger Gottes«?

a eine Warnung der Zauberer am Hof Pharaos

b Übersetzung des Namens eines ägyptischen Heerführers

c ein ungewöhnlich großer Zeigefinger

d ein Wink des Schicksals

2 Welcher Vater sagte zu seinem Sohn: »Sei ein Mann!«?

a Adam zu Set

b David zu Salomo

c Kaleb zu Naam

d Jakob zu Simeon

3 Einer der großen Propheten Israels, Jesaja, benutzt den Ausdruck »nicht den Kopf hängen lassen« und meint damit ...

a deprimiert sein

b sich beim Fasten heuchlerisch zu verhalten

c ein gutes Vorhaben aufzugeben

d einer höhergestellten Person Achtung zu erweisen

Der dem erwählten Volk geltende Ruf lautet: 4

»Die ihr zum Bund gehört!« a

»Entscheide dich, Israel!« b

»Höre, Israel!« c

»Mein Volk Israel!« d

Ezechiel war ein Prophet in Israel mit besonderen Begabungen und Erscheinungen. Manchmal fühlte er sich, ... 5

als müsste er wochenlang nichts essen a

als würde er fliegen b

als wäre er ein Löwe c

als würde er Gott selbst sein d

Der König Ahab (um 870-850 v.Chr.) ... 6

heiratete die falsche Frau a

hatte den Propheten Elija als besten Freund b

kam durch eine Vergiftung ums Leben c

hatte einen Sprachfehler d

7 Saul, der erste König Israels, ging zu einer Totenbeschwörerin, die ihm durch den Propheten Samuel seinen nahen Tod vorhersagte. Welcher Dichter hat darüber zwei Gedichte geschrieben?

a Johann Wolfgang von Goethe

b William Shakespeare

c Hermann Hesse

d Erich Fried

8 Josef hatte es vom »kleinen Sohn« des Jakob zum obersten Beamten des mächtigen ägyptischen Pharaos gebracht. Eine Hungersnot brach »auf der ganzen Welt« aus, nur in Ägypten gab es noch genug Getreide. Josef verkaufte nun das Getreide, und wer kein Geld hatte, tauschte Vieh oder Getreideflächen gegen Getreide ein. Bald gehörten dem Pharao unermesslich große landwirtschaftliche Flächen. Zu welchen Bedingungen durften die Ex-Besitzer ihre Äcker nach dem Ende der Hungersnot wieder bewirtschaften?

a 5 % der Erträge (Verkaufserlöse)

b 7,5 % der Erträge auf zwei Jahre

c 10 % der Erträge auf fünf Jahre

d 20 % der Erträge auf unbegrenzte Zeit

Simon und Levi waren zwei der zwölf Söhne Jakobs. Warum verfluchte ihr Vater sie? 9

Sie hatten sich für die Vergewaltigung ihrer Schwester auf grausame Weise gerächt. a

Sie waren Gott untreu geworden. b

Sie waren nicht bereit, sich zu Priestern weihen zu lassen. c

Sie hatten das Erbe ihrer Mutter Lea veruntreut. d

Gehasi war der Diener des Propheten Elischa. Eines Tages erkrankte er an Aussatz. Warum? 10

Er hatte sich bei einem Aussätzigen mutwillig angesteckt, um Elischa zu testen. a

Es war die Strafe dafür, dass er eine Bezahlung von einem Kranken forderte, den Elischa geheilt hatte. b

Er hatte Elischa Silber und ein wertvolles Tongefäß gestohlen. c

Er hatte sich bei einem Aussätzigen unbeabsichtigt angesteckt. d

11 Abinadab besaß ein geräumiges Haus in Kirjit-Jearim. Was wurde dort vorübergehend versteckt?

a ein Teil des Goldschatzes, den David den Philistern entwendet hatte

b die Gebeine von Saul und Jonathan

c die Bundeslade stand etwa zwanzig Jahre dort

d Davids Prunk-Schwert

12 Die Vorschriften für den Versöhnungstag waren kompliziert, da konnte man leicht etwas falsch machen. Gott erklärte Mose die einzelnen Rituale mit jedem Detail, und Aaron, der Bruder von Mose, sollte sie ausführen.
Was war ein Teil dieser Vorschriften?

a Nadab und Abihu, zwei der Söhne Aarons, durften an der Zeremonie nicht teilnehmen.

b Aaron durfte im Heiligtum auf keinen Fall seinen Kopf bedecken.

c Alle Männer aus dem Volk, die gesündigt hatten, sollten mit Aaron ins Offenbarungszelt gehen.

d In der Räucherpfanne mit den glühenden Kohlen durfte nur Aloe verbrannt werden.

Die Themen

IX.

Immer im Einsatz – Die Engel

1 Daniel erschrickt sich vor dem Erzengel Gabriel. Wie reagiert er?

a Er läuft weg.

b Er wirft sich mit dem Gesicht zur Erde.

c Er schreit laut um Hilfe.

d Er zieht sein Schwert und kämpft gegen ihn.

2 Maria erfährt von einem Engel, dass sie ein »besonderes« Kind bekommen wird. Wie ist ihre Reaktion, nachdem sie sich von dem Schreck erholt hat?

a Sie erzählt es gleich ihrem Verlobten Josef.

b Sie überlegt, wann sie zum letzten Mal ihre Tage hatte.

c Sie streitet alles ab.

d Sie überlegt, was das alles bedeutet.

3 In der Offenbarung zeigt ein Engel dem Seher ein Buch, in dem alles steht, was zum Ende der Zeit geschehen wird. Was soll er danach mit dem Buch machen?

a das Buch für eintausend Jahre versiegeln

b die prophetischen Worte in dem Buch versiegeln

c die prophetischen Worte in dem Buch nicht versiegeln

d das Buch versiegeln, aber vorher die prophetischen Worte herausschreiben

Der Erzengel Gabriel hatte eine schöne Aufgabe: Er sollte zunächst Elisabeth und danach ihrer Cousine Maria verkünden, dass sie Mütter werden sollten. Wie lange lagen die Ankündigungen auseinander? 4

Ein Jahr a

6 Monate b

6 Wochen c

30 Tage d

Der Zimmermann Josef, Verlobter von Maria, bekam auch Besuch von einem »Engel des Herrn«, und zwar ... 5

einmal a

zweimal b

dreimal c

viermal d

Nachdem Jesus gestorben und ins Grab gelegt worden war, wurde das Grab von Engeln bewacht. Wer sah sie zuerst? 6

der Jünger Petrus a

der Jünger Johannes, der Petrus zuvorgekommen war b

Maria, seine Mutter c

Maria Magdalena d

7

Paulus kam auf einer Missionsreise in Seenot, das Schiff drohte zu kentern. Da erschien ihm ein Engel und versprach, ...

a nur ihn und seinen Begleiter, den Soldaten Julius, zu retten

b alle zu retten, die sich an Bord befanden

c ihn zu retten

d das Schiff, die Besatzung und ihn zu retten

8

König David ließ eine Volkszählung durchführen, obwohl Gott es verboten hatte. Der Prophet Gad kam zu David und ließ ihn eine Strafe aussuchen. Ein Engel sollte sie dann ausführen. Welche Strafe wählte David?

a sieben Jahre Hungersnot für das ganze Volk

b drei Tage lang die Pest im Land

c eine Woche lang die Heuschrecken in den Feldern

d drei Monate Krieg und Verfolgung

9

Was bezeichnet man als »Engelehe«?

a eine Ehe zwischen zwei besonders fürsorglichen Partnern

b eine Zwangsehe

c eine Ehe zwischen einem alten Mann und einer sehr jungen Frau

d ein Ehepaar, das zusammenlebt, ohne Geschlechtsverkehr zu haben

In einem Loblied in den Psalmen wird aus Engeln (Boten) symbolisch etwas anderes, nämlich … 10

Vögel a

loderndes Feuer b

Winde c

Bäume d

Jesus wird im Garten Gethsemane gefangen, einer seiner Begleiter will ihn verteidigen und schlägt einem Soldaten ein Ohr ab. Jesus gefällt das gar nicht. Er sagt: »Wenn ich meinen Vater bitten würde, schickte er mir gleich …« 11

alle Erzengel a

mehr als 5.000 Engel b

mehr als 72.000 Engel c

die himmlischen Heerscharen d

Paulus schickt der Gemeinde in Rom einen Brief, der wie sein Testament klingt. »Nichts kann mich von der Liebe Gottes trennen«, schreibt er, »sogar die Engel nicht.« Und was wird (unter anderem) noch keine Trennung bewirken? 12

Zwietracht a

Krankheit b

Kälte c

Hitze d

Die Bundeslade (Ex 25,10-22)

Die Themen

X.

Ein heißes Thema – Sex & Crime in der Bibel

1 Der Kuss wird oft in der Bibel erwähnt. Welchen Kuss bezeichnet sie als »entsetzlich«?

a unter Stiefgeschwistern

b zwischen Mensch und Hund

c unter Gleichgeschlechtlichen

d zwischen Mensch und Kalb

2 In Grabkammern in Jerusalem wurden Steintafeln gefunden, die den Verstorbenen noch an das irdische Leben erinnern sollten. Was stellten sie dar?

a einen übergroßen Phallus

b das Siegel des Königs

c eine Frau mit großen Brüsten

d Brot und Wein

3 Welcher Kuss wird in der Bibel noch heftig kritisiert?

a der Kuss auf die Lippen

b der devote Kuss

c der Kuss auf die Handinnenfläche

d der Kuss zwischen Gerechtigkeit und Frieden

Das Wort »Penis« kommt im Hebräischen nicht vor. Mit welchem Wort wurde das männliche Glied meistens umschrieben? 4

Schlegel a

Schwert b

Arm Gottes c

Fleisch d

Jesus hatte sich gewünscht, dass von einem »schönen Werk« noch lange nach seinem Tod die Rede sein würde, nämlich ... 5

dem ekstatischen Tanz von König David a

der Fußwaschung der Jünger b

dem Ausgießen von teurem Duftöl über seinen Kopf c

den sinnlichen Texten des Hohelieds d

Paulus schreibt den Gemeindemitgliedern in Korinth einen ernsten Brief. Worüber regt er sich so richtig auf? 6

über die Geldfälscher a

über Gemeindemitglieder, die nicht heiraten wollen b

über ein Gemeindemitglied, das mit der Frau seines Vaters schläft c

über den lockeren Umgang mit Exhibitionisten d

7 Welche Frau nutzte ihre erotische Ausstrahlung, um einen Kriegshelden zu erobern und ihn im Schlaf seinen Feinden auszuliefern?

a Rahel

b Hanna

c Delila

d Sara

8 Die israelitische Stadt Gibea war um 1200 v. Chr. genauso moralisch verkommen wie vorher schon Sodom und die Nachbarstadt Gomorra. Als ein gar nicht so koscherer Levit mit seiner Nebenfrau dort auf der Durchreise übernachtet, …

a wird er von den Männern der Stadt vergewaltigt

b wird das Gasthaus angezündet und alle Gäste sterben

c vergehen sich die Männer der Stadt die ganze Nacht über an der Nebenfrau

d wird der Levit vor dem Stadttor gehängt

Die Midianiter wollten die Israeliten dazu bringen, heidnische Götzen anzubeten, um ihren Gott zu erzürnen. Welche Strategie war erfolgreich? 9

Sie überfielen das Zeltlager der Israeliten und erschlugen die besten Krieger. **a**

Sie beauftragten einen Zauberer, die Israeliten zu verfluchen. **b**

Sie schickten ihre schönen Töchter ins israelitische Lager. **c**

Sie zündeten das Lager an, und die Israeliten flohen direkt auf den Götzenberg. **d**

Gartenparty bei Jojakim und Susanna in Babylon. Zwei ältere Männer wollen die schöne Gastgeberin verführen, sie wehrt sich aber. Da drehen die Männer den Spieß um und verklagen sie wegen Unzucht. Vor Gericht ... 10

wird sie zum Tode verurteilt **a**

wird sie zum Tode verurteilt, aber ihr Verteidiger besteht auf getrennter Vernehmung der Ankläger. Danach wird sie freigesprochen. **b**

wird sie freigesprochen **c**

wird sie zu einer langen Gefängnisstrafe verurteilt **d**

11

Die Israeliten mussten sich aus der Unterdrückung der Kanaaniter befreien. Sie lockten die Feinde in einen Hinterhalt; ihr Heerführer Sisera flüchtete zu Fuß – und landete im Zelt der Israelitin Jaël. Sie gab ihm Milch zu trinken, bereitete ihm ein Lager ...

a und legte sich zu ihm, bis ihre Kämpfer kamen und ihn töteten

b und schlich sich leise fort, um Hilfe zu holen

c und sah zu, wie er qualvoll starb. Sie hatte die Milch vergiftet.

d und schlug ihm, als er eingeschlafen war, mit einem Hammer einen Zeltpflock durch die Schläfe

12

Als die Bundeslade nach Jerusalem überführt wurde, tanzte der König David sehr ekstatisch, geradezu erotisch vor ihr her. Wem gefiel dieser Tanz gar nicht?

a dem Volk Israel

b dem Propheten Nathan

c Michal, der Tochter Sauls

d Gott selbst

tägyptisches Tempelrelief (ca. 1200 v.Chr.);
zeigt die Eroberung einer kanaanäischen Stadt.

Dieses altsyrische Rollsiegel zeigt ein Symbol, das auch im Christentum bekannt ist:
die Entsendung einer Taube als Liebesbezeugung. Lies Mt 3,13-17.

Die Antworten

I.

Der menschliche Körper – und wie die Bibel ihn sieht

1 Welches Sinnesorgan wird im Alten Testament
b am häufigsten erwähnt?

Das war einfach: b) Das Angesicht gewinnt mit 2040 Nennungen. Danach folgen Hand (1617), Auge (868) und das Ohr.

2 Götzenbilder werden von den Autoren der
d Psalmen verachtet, weil sie zwar einen Körper haben, aber mit ihm nichts anfangen können. Wie viele unnütze Körperteile werden namentlich erwähnt?

d) ist richtig: »Sie haben einen Mund und reden nicht; Augen und sehen nicht; Ohren und hören nicht; eine Nase und riechen nicht; mit ihren Händen können sie nicht greifen, mit den Füßen nicht gehen; es dringt kein Laut aus ihrer Kehle.« Ps 115,5-7.

3 Frauen, die etwas Besonderes gelernt oder
d Lebenserfahrung gewonnen haben, wurden in Israel als »Menschen mit offenen Ohren« bezeichnet. Welche Berufsgruppe wurde dabei nicht erwähnt?

Es sind d) die Köchinnen. Schließlich musste die Suppe auf den Tisch. Die Klageweiber kommen u.a. in Jer 9,16-21 vor, die kluge Beraterin in 2 Sam 14,1-24 und die Spinnerinnen in Ex 35,25-26.

Wenn Männer in Israel sich die Haare scheren ließen, war das ein Zeichen für … 4 b/c

b) ist richtig. David hatte sich eigentlich einen Versöhnungsplan ausgedacht, aber er ging nach hinten los: Die Überbringer des Plans wurden festgenommen und der Bart wurde ihnen zur Hälfte abgeschnitten; lies 2 Sam 10,1-5. Für Kindergarteneltern wäre Antwort c) wohl auch nicht falsch …

Wenn in Israel ein neuer König gesalbt und gekrönt wurde, feierte das umstehende Volk ihn mit … 5 a

Es ist a) das Händeklatschen: »… sie machten ihn zum König, salbten ihn, klatschten in die Hände und riefen: Es lebe der König.« Siehe 2 Kön 11,12.

In Israel waren die Funktionen der Hände, besonders bei priesterlichen Handlungen, klar geregelt. Was wurde dabei niemals mit der linken Hand verrichtet? 6 a

a) ist richtig. Es gibt allerdings eine spannend-traurige Ausnahme: lies Gen 48,13-19.

Barfuß zu gehen ist in der Bibel ein Zeichen für … 7 d

Es ist d). »David … ging barfuß und alle Leute, die bei ihm waren, verhüllten ihr Haupt und zogen weinend hinauf.« 2 Sam 15,30.

8 c

Die Fußwaschung gehörte im ganzen Mittelmeerraum zur täglichen Reinigung. Wer musste einem anderen aber nie die Füße waschen?

c) ist richtig. Einer machte allerdings eine Ausnahme, ein Liebesdienst: Jesus. Lies Joh 13,1-17.

9 d

Was ist Gott verhasst?

d) ist richtig: »Sechs Dinge sind dem Herrn verhasst: ... stolze Augen ...« Spr 6,16-19.

10 c

Der Tod ist für alle gleich und gerecht. Oder nicht? Für die Autoren der Bibel ist der Tod hinnehmbar, wenn ...

c) ist richtig. Zum Beispiel: »Dann starb Ijob, hochbetagt und satt an Lebenstagen.« Ijob 42,17.

11 c

Wofür steht die braune (auch schwarze) Hautfarbe des Geliebten (der Geliebten?) im Hohelied, dem »Lied der Lieder«?

c) ist gemeint. Der ganze Text spricht sich dafür aus, das Fremde zu achten und zu schätzen. Lies Hld 1,5-6.
Im Hintergrund steht hier auch, dass im antiken Orient viele verschiedene Völker mit unterschiedlichen Kulturen auf engem Raum zusammenlebten.

Als ihr Mann, der König Ahab, im Krieg fiel, versuchte Isebel den Oppositionsführer Jehu zu verführen. Was tat sie? 12 d

d) stimmt. »Als Jehu nach Jesreel kam und Isebel das erfuhr, legte sie Schminke auf ihre Augen, schmückte ihr Haupt und schaute durch das Fenster hinab.« 2 Kön 9,30.

Eine römische Scherbe, die einen Priester bei der Beurteilung der inneren Organe eines Verstorbenen zeigt

Die Antworten

II.

Überbringer schlechter Nachrichten – Die Propheten

1 c Welchem Propheten gab Gott den Auftrag: »Gehe noch einmal hin und liebe die Frau, die einen Liebhaber hat und Ehebruch betreibt«?

c) ist richtig. Dieser eigenartige Befehl an den verheirateten Propheten Hosea ist aber wohl symbolisch zu verstehen: das Gottesvolk betreibt Ehe = Treuebruch, und Gott will dem Volk wieder einmal vergeben.

2 c Jeremia war ein pessimistischer und trauriger Prophet. Seine Klagelieder inspirierten Komponisten daher zu großen Werken. Wer war der Bekannteste von ihnen?

c) stimmt. Die Sinfonie Nr. 26 »Lamentatione« von Joseph Haydn gehört zum Stammrepertoire jedes großen Orchesters.

3 b Was musste Jesaja im Auftrag Gottes tun, um Demütigung, Vertreibung und Gefangenschaft anzukündigen?

b) ist richtig (siehe Jes 20,2-6). Und dabei dachte er sich womöglich: Augen auf bei der Berufungswahl ...

4 a Die alttestamentarischen Propheten waren ...

Es ist a). Die Propheten im Alten Testament waren keine Menschen, die die Zukunft vorhersagten, sondern Menschen, die die Menschen und die Machthaber an Gottes Wort und Willen erinnerten. Die frühen Propheten in Israel waren meistens in Gruppen anzutreffen.

Welcher Prophet setzte den Nachkommen 5
eines Abstinenzlers Wein vor und forderte sie c
zum Trinken auf?

c) stimmt. Es ist zunächst ein Test, ob ein familiäres Treueversprechen des Stammes der Rechabiter (nämlich keinen Alkohol zu trinken) auch nach der Aufforderung des Propheten noch hält. Aber eigentlich ist es ein Bild für die Treue Gottes seinem Volk gegenüber. Lies Jer 35.

Welcher Viehzüchter wurde zum Propheten 6
berufen und hatte einen großen, zornigen Auftritt b
vor dem König, der mit seiner Entlassung endete?

b) ist richtig.

Welche Handlung führte ein Prophet aus, wenn 7
er einen Nachfolger berief? c

Es kann so einfach, wortwörtlich im Vorbeifahren geschehen: c) ist richtig. Lies z.B. 1 Kön 19,19.

Barjesus behinderte die Missionsarbeit von Paulus 8
und Barnabas während ihres Aufenthalts auf d
Zypern. Was tat er?

d) ist richtig. Lies Apg 13.

9
b

Maleachi war einer der späten Propheten Israels, der sich von den anderen Propheten unterschied, weil er …

b) stimmt deshalb, weil er in einer Art Diskussionsform redete und schrieb. Das, was er zu sagen hatte, und die Weise, wie er es sagte, wurde dadurch aber nicht freundlicher …

10
a

Auch ein Prophet braucht Inspiration.
Was inspirierte Elischa?

»Ruft mir einen Harfenspieler« – und schon sah Elischa die Vision, die er verkünden sollte. a) ist richtig, und es steht in 2 Kön 3,15.

11
b

Der Prophet Elischa ist krank, er wird wohl sterben. König Joasch besucht ihn, und Elischa fordert ihn auf, mit Pfeilen auf den Boden zu schlagen. Als er es tut, wird Elischa stinksauer. Warum?

b) ist richtig. Elischa ist sauer, weil die Feinde (grad sind's die Aramäer) jetzt nur dreimal geschlagen werden können. Hätte er alle Pfeile genommen, wären es fünf Siege gewesen! Lies 2 Kön 13,14-19.

12
a

Als der Prophet Jeremias im Amt war, arbeiteten nicht alle von seinen Arbeitskollegen ganz sauber. Er beklagt sich darüber, dass die Propheten …

a) ist nach Jeremia 5,31 richtig.

Die Antworten

III.

Das Finale – Endzeit und Offenbarung

1 Beim »Letzten Gericht« werden die Toten vor
b dem Gottesthron stehen. Dann werden
verschiedene Bücher aufgeschlagen, und ein
Buch davon heißt …

b) Buch des Lebens ist richtig. Siehe Offb 20,12.

2 Wer oder was ist eigentlich Gog?

b b) stimmt. Gog ist ein feindlicher Kriegsherr, auf den Gott richtig sauer ist, und der bedauernswerte Prophet Ezechiel hat die Aufgabe, Gog in aller Ausführlichkeit zu berichten, wie Gott ihn vernichten wird. Nicht schön zu lesen, aber (mit starken Nerven) lies Ez 38-39.

3 Der Engel, der mit Johannes sprach, stand unter
d goldenen Leuchtern und hielt Sterne in der Hand.
Wie viele Sterne waren es?

Es sind sieben Sterne, also Antwort d). Offb 1,16.

4 Als sich in der Vision die Himmelstür öffnete, sah
b Johannes zunächst einen Thron. Dann entdeckte
er aber noch weitere Throne, die rings um den
zentralen Thron standen. Wie viele waren es?

b) ist richtig. Was für ein riesiger Thronsaal! Offb 4,1-4.

Wer schrieb (nach neuesten Forschungen) wahrscheinlich die Offenbarung des Johannes, das letzte Buch der Bibel? 5 c

c) ist wohl die richtige Antwort. Man geht heute davon aus, dass der Autor Johannes ein Prophet war, der den Judenchristen zugerechnet wird und auf Patmos in der Verbannung lebte.

Das »Lamm« brach das siebte Siegel auf, und sofort wurde es im Himmel mucksmäuschenstill. Wie lange hielt die Stille an? 6 c

Nach Offb 8,1 ist c) richtig.

Die große Stimme vom Thron sagte: »Es ist vollbracht.« Darauf antworteten die Elemente mit … 7 b

b) ist richtig. Lies Offb 16,17-18.

Ohne das »Malzeichen des Tieres« (an der rechten Hand, an der Stirn, durch lautes Aussprechen des Namens des Tieres oder Nennung der Zahl seines Namens) durfte niemand mehr … 8 c

Es ist c) kaufen und verkaufen (Offb 13,16-17). Mit dem »Tier« könnte der Kaiser Nero gemeint sein. Es würde sich dann um eine Anspielung auf eine von Nero durchgeführte Münzreform handeln.

9
b

Die in der Offenbarung handelnden Personen werden in der Vision von starken Bildern verkörpert. Welches Bild stellt den Tod dar?

»Da sah ich ein fahles Pferd, und der auf ihm saß, heißt ›der Tod‹, und die Unterwelt zog hinter ihm her.«
b) ist also richtig, und ja, der Film »Pale Rider« von und mit Clint Eastwood wurde dadurch wohl auch inspiriert.

10
d

Die neue Stadt Jerusalem entsteht. Woraus bestand die Stadtmauer?

Schwer vorstellbar, aber wohl ein Zeichen der überwältigenden Pracht der himmlischen Ewigen Stadt: es ist **d)**, der Edelstein Jaspis.

11
b

George Lucas verwendet in seinen Blockbuster-Filmen häufig Zitate aus der Bibel, hauptsächlich aus der Offenbarung. In welchen Filmen wird das besonders deutlich?

Ich hab's nicht durchgezählt, aber die Menge der filmisch umgesetzten Bezüge zu Bibelzitaten ist in **b)** Star Wars schon erfreulich!

12
c

Die Offenbarung wird Johannes von einem Sprecher verkündet. Was kam dabei aus dem Mund des Sprechers?

c) das scharfe Schwert ist richtig. Offb 1,16.

Die Antworten

IV.

Der Mutige –
Mit Paulus unterwegs

1 d

Paulus war sich sicher: wenn Christen sterben, gehören sie ...

Da gibt es keine zwei Meinungen: »Ob wir leben oder sterben, wir gehören dem Herrn.« Röm 14,8. **d)** ist also richtig.

2 b

Wer sich taufen lässt, hat bildlich ...

b) ist gemeint (obwohl die anderen Antworten auch nicht so falsch wären). Lies Gal 3,27.

3 d

Welchen Beruf hatte Paulus ursprünglich gelernt?

d) stimmt.

4 c

Wie viel Zeit war nach dem Kreuzestod von Jesus vergangen, als Paulus sein Erweckungserlebnis auf der Straße nach Damaskus hatte?

Es waren etwa 2 Jahre, **c)** ist also korrekt.

5 b

Einer der ersten Christen, den Paulus in Jerusalem traf, war der Apostel Petrus. Später zerstritt er sich mit ihm und mit Barnabas, der sogar nicht mehr mit ihm reisen wollte. Worum ging es dabei?

Paulus war ein »schwieriger« Reiseleiter, also ist **b)** richtig. Immer wieder wurde sich gestritten und getrennt; die noch junge Christenbewegung musste sich erst zusammenfinden. So war es auch hier: Paulus wollte Barnabas Wunsch, Markus mitzunehmen, nicht erfüllen. Lies Apg 15.

Auf seiner zweiten Missionsreise fuhr Paulus nach Europa – zunächst nach Philippi, dann nach Thessalonich. Wie erging es ihm dort? 6 d

d) ist richtig. Lies Apg 17.

Wer war Demas? 7 b

Ohne Mitarbeiter konnte Paulus seinen Missionsauftrag nicht erfüllen. Jetzt muss er sich von Demas trennen, der nicht mehr bei der Sache ist, b) stimmt also.
In 2 Tim 4,9ff. bricht seine ganze Trauer aus: »nur Lukas ist noch bei mir«, schreibt er, und »alle haben mich im Stich gelassen«. Und er erinnert sich an Markus: »Bring Markus mit, er wird mir ein guter Helfer sein«. Hatte er den nicht einige Reisen zuvor weggeschickt?

Paulus fühlte sich berufen … 8 a

»Denn Christus hat mich nicht gesandt zu taufen, sondern das Evangelium zu verkünden …« (1 Kor 1,17); a) ist richtig.

Paulus bewertet die Wichtigkeit von folgenden Berufsgruppen, und zwar in dieser Reihenfolge: 9 a

a) ist korrekt. Dicht gefolgt von den Geistesgaben …
1 Kor 12,28-29.

10 c

Wenn man die Arbeitsweise des Paulus betrachtet, würde man ihn am ehesten bezeichnen als …

Es wäre wohl c), das Ein-Mann-Unternehmen. Er wusste sich nur von Gott abhängig (der allerobersten Chefetage) und nahm ungern Ratschläge von Menschen an. Seine Personalentscheidungen waren emotional geprägt. Aber seine Lebensleistung lässt sich mit nichts vergleichen.

11 c

Betrachtet man den Einfluss von paulinischem Gedankengut in den Büchern des Neuen Testaments, so kann man ihn am ehesten bezeichnen als …

Nicht nur vom Umfang her (in meinem Neuen Testament sind es 137 von 320 Seiten!), sondern auch vom Einfluss der von Paulus (und seiner Schüler) geschriebenen Briefe kann man wohl nur c) dominant als richtige Antwort bestimmen.

12 c

Die dramatische Bekehrung des Paulus war (und ist) bei Künstlern ein sehr beliebtes Motiv. Wer hat es aber nicht gemalt?

c) William Turner ist korrekt.

Die Antworten

V.

Ein neues Lied – Die Psalmen

1 Die Psalmen im Alten Testament enthalten wie
b viele Lieder und Gebete?

b) 150 ist richtig.

2 In einem der Psalmen wird vor einem schrecklichen
b Unwetter gewarnt, in dem ...

Eine Katastrophe für die Winzer: b) stimmt. Lies Ps 78,47.

3 In Psalm 132 ist von der Bundeslade die Rede.
b Gebaut wurde sie von dem Handwerksmeister Bezalel. Der war offensichtlich ein Allroundtalent, denn Mose vertraute ihm ganz unterschiedliche Gewerke an. Was befähigte ihn dazu?

Den Handwerker würde wohl jeder gern beschäftigen! »Der Herr hat Bezalel beim Namen gerufen und ihn mit dem Geist Gottes erfüllt, mit Weisheit, Klugheit und Kenntnis für jegliche Arbeit ...« Ex 35,30-33.
b) ist unglaublich, aber wahr.

4 König David, der als Dichter vieler Psalmen gilt,
a war nicht nur ein Poet, sondern auch ein ...

David war ein musikalisches Genie: lies z.B. 2 Sam 6,5; 6,14; 22,1; die Psalmen; a) ist daher richtig.

Etwas für Läufer: »... wer aus seiner Kammer 5
hinausgeht und sich wie ein Bräutigam freut, b/d
die Bahn zu laufen, der fühlt sich wie ...«

Natürlich ist b) ein Held richtig! Obwohl? Es gibt auch Morgen, an denen d) stimmen könnte ... Ps 19,6 (Elberfelder Übersetzung).

Die Ströme sollen ... 6

Das wird eine feuchte Angelegenheit: d) in die Hände d
klatschen stimmt. Ps 98,8.

Die Segensformel »Er lasse (über uns) sein 7
Angesicht leuchten« stammt aus ... c

c) Psalm 67 ist richtig.

In Psalm 89 wird Gott angeklagt, er habe ... 8

»... du (Gott) hast den Bund mit deinem Knecht c
zerbrochen und trittst seine Krone zu Boden.« Ps 89,40. c) ist korrekt.

Über Moab sagte Gott zu David etwas ganz 9
Besonderes. c

c) ist richtig, siehe Ps 60,10.

Der längste Psalm ist der ... 10

Es ist der 119. Psalm mit 176 Versen! c
c) ist also richtig.

11 Im 148. Psalm wird die Schöpfung aufgefordert,
a Gott zu loben. Nur eines soll in das Lob nicht einstimmen:

Das Feuer hat sich eingeschlichen: **a)** ist korrekt.

12 Sie »blähen sich auf wie ein dicker Bauch«,
d schimpft der Psalmist Asaf. Wen meint er damit?

Der 73. Psalm ist lesenswert. Asaf kriegt sich gar nicht wieder ein, so empört ist er über das Verhalten der Gottlosen. Und dann folgt ein wunderbarer Schluss. Also: **d)** ist richtig.

Die Antworten

VI.

Neues von –
Jesus und seinen Jüngern

1 c

Jesus Christus ist der Überwinder des Todes. Was ist er gegenüber dem Tod aber nicht?

c) ist korrekt. Der Überwinder des Todes ist laut Offb 1,17-18 nicht der Verheißene.

2 a

Die Bitte Jesu, dass »der Kelch an mir vorübergehen möge«, bezog sich darauf, …

Jesu Bitte bezog sich auf die zu der Zeit übliche Sitte, den Kelch weiterreichen zu dürfen. a) ist also richtig.

3 b

Zur Zeit Jesu gab es im Judentum 248 Gebote und 365 Verbote. Jesus reduzierte diese Gebote (auf Nachfrage eines Rabbiners) auf …

Es sind die Gottesliebe und die Nächstenliebe, also b) ist richtig. Lies Mt 22,35-40.

4 b

Das »Jesusgebet« ist auch unter folgendem Namen bekannt:

»Jesus, Sohn Davids, hab Erbarmen mit mir.« Auch hier ist b) richtig. Lies Lk 18,38.

5 c

Familienfrage: Jesus hatte leibliche Schwestern und vier Brüder. Es waren …

Da kommt man leicht durcheinander, aber der Autor des Matthäusevangeliums weiß Bescheid: es sind Jakobus, Josef, Simon und Judas. c) ist also richtig. Lies Mt 13,55.

Jesus berief seine zwölf Jünger zu Aposteln. Darunter waren ... 6 b

Es waren zwei Geschwisterpaare dabei:
Simon Petrus & Andreas, Jakobus & Johannes.
Antwort b) ist also korrekt.

Lazarus, ein Freund von Jesus, wurde plötzlich schwerkrank. Wie lange wartete Jesus, bevor er sich auf den Weg zu ihm machte? 7 c

Schwer zu glauben, aber so war es wohl: c) ist richtig.
Wollte Jesus seine Macht über den Tod beweisen?
Lies Joh 11,3-44.

Jesus war auf dem Weg nach Galiläa, musste dabei aber durch Samarien. Warum tat er das? 8 b

Jesus wollte sicherlich niemanden durch seine Reiseroute verärgern, sondern entschied pragmatisch: es ist b) der kürzeste Weg.

Jesus setzt sich müde und durstig an den (noch heute existierenden) Jakobsbrunnen. Er bittet die Frau, die dort Wasser holt, ihm zu trinken zu geben. Was ist das ganz Besondere an dieser Situation? 9 c

Das ist eine wunderbare Geschichte, voller Gegensätze und Fragen, auf die Jesus nur eine Antwort hat: »Ich bin es.« Ja, c) ist richtig. Lies Joh 4,1-26.

10 b

Welche physischen Krankheiten heilte Jesus nicht?

Vielleicht tat er es ja doch, aber in den biblischen Berichten habe ich nichts von b) geheilten Knochenbrüchen gelesen ...

11 d

Jesus und Johannes der Täufer kannten sich nicht nur, sie waren wahrscheinlich auch miteinander verwandt. Sie waren nämlich ...

Maria und Elisabeth waren »miteinander verwandt«, das bestätigt der Erzengel Gabriel in Lk 1,36.
Am wahrscheinlichsten ist, dass sie Cousinen waren. Dann wären ihre Söhne Jesus und Johannes d) Cousins zweiten Grades.

12 b

Josef aus Arimathäa, ein wohlhabendes Ratsmitglied und Anhänger von Jesus, legte die Leiche von Jesus in ein Grab, das er eigentlich für sich selbst in den Felsen hatte schlagen lassen. Dabei half ihm ein prominenter Pharisäer, nämlich ...

Es war b) Nikodemus, der jüdische Theologe, der Jesus einmal nachts besucht hatte und von ihm sehr beeindruckt war. Zur Grablegung gehörte auch die Einbalsamierung des Toten (dazu hatten die beiden duftende Salben und etwa 32 Kilogramm Myrrhe und Aloe besorgt!) und das Einwickeln der Leiche mit Leinenbinden. Lies Joh 19,38-40.

Die Antworten

VII.

Von wegen Askese – Klöster und frühes Christentum

1 c
Wen bezeichnet man als »Narren um Christi willen«?

Die ersten Mönche lebten als Einsiedler und suchten nach dem kompromisslosen, radikalen christlichen Leben. c) radikale Einsiedler ist also richtig. Die Bezeichnung geht auf 1 Kor 4,10 zurück.

2 b
Die Mönchsbrüder Kyrill und Method haben ...

Die beiden griechischen Mönche wollten das Evangelium auch bei den slawischen Völkern bekannt machen. Sie entwickelten dafür eine besondere Schrift, die kyrillische Schrift, und übersetzten die Bibel ins Slawische. b) ist korrekt.

3 c
In den frühen Ikonen-Malerwerkstätten durfte diese Arbeit nur der Meister ausführen:

In den großen orthodoxen Malerwerkstätten wurden die einzelnen Arbeitsschritte arbeitsteilig ausgeführt. Nach dem Bearbeiten des Kreidegrunds, dem Vorzeichnen mit Pinsel oder Stift, der Grundierung, dem Auftragen des Blattgoldes beginnt das Ausmalen der Figuren, der Hände, Gesichter, Schriftrollen – das Ausmalen der unbekleideten Körperteile ist aber dem Meister vorbehalten. Die Antwort c) stimmt.

Die orthodoxe Kirchenmusik … 4

Die Überzeugung, dass nur die menschliche Stimme a
allein zur richtigen Anbetung Gottes fähig ist, führt in der Praxis dazu, dass man in orthodoxen Kirchen keine Orgeln u. Ä. vorfindet (von wenigen Ausnahmen abgesehen). Antwort a) ist daher korrekt.

Wo befindet sich der Sitz des 1948 gegründeten 5
internationalen »Ökumenischen Rates der d
Kirchen«?

Die Antwort d) Genf ist richtig.

Die ersten Mönche waren Einsiedler. Wann lebten 6
die ersten, von denen wir wissen? d

Antonius der Große, Ammon von Nitria, Makarios der Große sind wohl die ersten Mönche, von denen wir wissen. Sie lebten im 4. Jahrhundert n.Chr., d) ist also richtig.

Die orthodoxen Kirchen nutzen bei Segnungen 7
die Gaben der Natur, z.B. Öl und Wein. Was wird c
an einem besonderen Feiertag noch gebraucht?

Es ist c) Basilikum. Die »königliche« Pflanze wird am Tag der Kreuzerhöhung zur Ehre des Kreuzes des Königs Jesus verwendet.

8 d

Die Paulaner wurden im 15. Jahrhundert bekannt, weil ...

d) ist richtig: Das war eine ziemlich einseitige Ernährung: zeitlebens waren nicht einmal Eier, Käse oder Milchspeisen erlaubt. Bier natürlich auch nicht.

9 c

Der »Sommerchor« ...

Es ist Antwort c), ein auch im Sommer kühler Bereich des Klosters.

10 c

»Windenschwestern« nennt man die Ordensfrauen, die ...

Die Pforten in Frauenklostern waren (und sind) mit der sogenannten Drehwinde versehen, durch die Gegenstände entgegengenommen oder ausgegeben werden können. Die Klostertür muss dazu also nicht geöffnet werden. Und somit ist Antwort c) richtig.

11 b

»Terminieren« bedeutet ...

Es ist b), das Almosensammeln. Der Begriff geht auf das lateinische »terminus = Grenze, Gebiet« zurück und bezeichnete den Bereich, in dem der Orden Geld oder andere Gaben sammeln durfte.

12 b

Als »Evangelische Räte« bezeichnet man ...

b) ist richtig. Das Gelübde kann außer dem Hauptgebot der Gottes- und Nächstenliebe auch Keuschheit, Armut und Gehorsam umfassen.

Die Antworten

VIII.

Die Auserwählten – Das Volk Israel

1 a

Woher kommt der Ausdruck: »Finger Gottes«?

a) ist richtig. Die Zauberer warnten den Pharao, der das Volk Israel nicht ziehen lassen wollte, nach der dritten Plage mit diesen Worten. Lies Ex 8,15.

2 b

Welcher Vater sagte zu seinem Sohn: »Sei ein Mann!«?

König David lag im Sterben, jetzt sollte sein Sohn Salomo übernehmen. David beginnt seine Rede mit den Worten: »Ich muss nun sterben, wie alles auf Erden. Sei du jetzt stark: sei ein Mann!« 1 Kön 2,2. Antwort b) stimmt.

3 b

Einer der großen Propheten Israels, Jesaja, benutzt den Ausdruck »nicht den Kopf hängen lassen« und meint damit ...

»Ist das ein Fasten, das Gott gefällt, wenn du deinen Kopf hängen lässt?«, fragt Jesaja. Statt nutzlose Frömmigkeit öffentlich zur Schau zu stellen, solle man sich lieber für Gerechtigkeit einsetzen, für die Armen, Obdachlosen und Unterdrückten. Ein wunderbares Plädoyer, lies Jes 58,5ff., und somit ist Antwort b) richtig.

4 c

Der dem erwählten Volk geltende Ruf lautet:

Antwort c): »Höre, Israel! Jahwe, unser Gott, Jahwe ist einzig. Darum sollst du den Herrn, deinen Gott, lieben mit ganzem Herzen, mit ganzer Seele und mit ganzer Kraft.« Dtn 6,4-5.

Ezechiel war ein Prophet in Israel mit besonderen Begabungen und Erscheinungen. Manchmal fühlte er sich, ... 5 b

»Da hob mich der Geist empor ...«. Eine spannende Beschreibung in Ez 3,12ff. b) ist richtig.

Der König Ahab (um 870-850 v.Chr.) ... 6 a

Das hätte er sich lieber zweimal überlegen sollen: »Er nahm Isebel ... zur Frau, ging hin, diente dem Baal und betete ihn an.« Falsche Frau, falscher Gott. Und die richtige Antwort ist a).

Saul, der erste König Israels, ging zu einer Totenbeschwörerin, die ihm durch den Propheten Samuel seinen nahen Tod vorhersagte. Welcher Dichter hat darüber zwei Gedichte geschrieben? 7 c

Die Gedichte »Saul unter den Propheten« und »Samuels Erscheinung vor Saul« stammen von Hermann Hesse. Die Geschichte ist ziemlich gruselig, lies 1 Sam 28. c) ist also richtig.

8 d Josef hatte es vom »kleinen Sohn« des Jakob zum obersten Beamten des mächtigen ägyptischen Pharaos gebracht. Eine Hungersnot brach »auf der ganzen Welt« aus, nur in Ägypten gab es noch genug Getreide. Josef verkaufte nun das Getreide, und wer kein Geld hatte, tauschte Vieh oder Getreideflächen gegen Getreide ein. Bald gehörten dem Pharao unermesslich große landwirtschaftliche Flächen. Zu welchen Bedingungen durften die Ex-Besitzer ihre Äcker nach dem Ende der Hungersnot wieder bewirtschaften?

Da saß ein guter Kaufmann am Taschenrechner! Oder war es schon Ausbeutung? Antwort d) ist richtig. Lies Gen 41-47.

9 a Simon und Levi waren zwei der zwölf Söhne Jakobs. Warum verfluchte ihr Vater sie?

Eine furchtbare Geschichte um Mord, Ausgleichsverhandlungen und Blutrache (Gen 34). Die richtige Antwort ist a).

10 b Gehasi war der Diener des Propheten Elischa. Eines Tages erkrankte er an Aussatz. Warum?

So ganz sauber war Gehasi nicht, vor allem wenn es um seinen Vorteil ging. Antwort b) ist richtig.

Abinadab besaß ein geräumiges Haus in Kirjit-Jearim. Was wurde dort vorübergehend versteckt? 11 c

Tatsächlich stand die Bundeslade zwanzig Jahre in Abinadabs Haus, c) ist also richtig. So groß war sie nun auch nicht, etwa so wie eine Wäschetruhe von früher. Aber prächtig war sie: ganz aus Akazienholz, mit Gold verkleidet, und in ihr befanden sich die Steintafeln mit den Zehn Geboten. Die Philister hatten sie gestohlen, aber sie brachte ihnen nur Unglück: mindestens siebzig von ihnen fielen tot um, als sie sie nur anschauten! Lies 1 Sam 6+7.

Die Vorschriften für den Versöhnungstag waren kompliziert, da konnte man leicht etwas falsch machen. Gott erklärte Mose die einzelnen Rituale mit jedem Detail, und Aaron, der Bruder von Mose, sollte sie ausführen. Was war ein Teil dieser Vorschriften? 12 a

a) ist korrekt. Nadab und Abihu hätten schon gewollt, aber leider waren sie bereits tot: als sie ein Rauchopfer darbringen wollten, das Gott aber nicht angeordnet hatte, gingen sie selbst in Feuer auf. Und ihr Vater Aaron? Er schwieg dazu. Lies Lev 10,1-5.

Bündnisse zwischen Königen wurden immer mit der rechten Hand besiegelt; Kalksteinrelief aus Assyrien, etwa 830 v. Chr.

Die Antworten

IX.

Immer im Einsatz – Die Engel

1
b

Daniel erschrickt sich vor dem Erzengel Gabriel. Wie reagiert er?

Daniel wird sogar ohnmächtig, liegt mit dem Gesicht zur Erde, b) ist also richtig. Aber dann wird alles gut: Der Erzengel spricht mit ihm und »stellt ihn wieder auf die Beine.« Lies Dan 8.

2
d

Maria erfährt von einem Engel, dass sie ein »besonderes« Kind bekommen wird. Wie ist ihre Reaktion, nachdem sie sich von dem Schreck erholt hat?

Eine wunderbare Reaktion: Sie überlegt, was »das alles bedeutet«. d) ist korrekt.

3
c

In der Offenbarung zeigt ein Engel dem Seher ein Buch, in dem alles steht, was zum Ende der Zeit geschehen wird. Was soll er danach mit dem Buch machen?

Am Schluss der Offenbarung, wenn schon von dem Neuen Jerusalem, vom Wasser des Lebens und dem strahlenden Morgenstern die Rede ist, ergeht der Befehl des Engels, das Buch, in dem dies alles steht, auf keinen Fall zu versiegeln! Alle sollen es lesen können! c) stimmt also, siehe Offb 22,10.

Der Erzengel Gabriel hatte eine schöne Aufgabe: Er sollte zunächst Elisabeth und danach ihrer Cousine Maria verkünden, dass sie Mütter werden sollten. Wie lange lagen die Ankündigungen auseinander? 4 b

Antwort b) stimmt. Lies Lk 1,36.

Der Zimmermann Josef, Verlobter von Maria, bekam auch Besuch von einem »Engel des Herrn«, und zwar ... 5 c

c) stimmt. Lies Mt 1,20; 2,13; 2,19.

Nachdem Jesus gestorben und ins Grab gelegt worden war, wurde das Grab von Engeln bewacht. Wer sah sie zuerst? 6 d

Diese Geschichte wird (mit kleinen Unterschieden) von allen vier Evangelisten erzählt, siehe Mt 28,1-8; Mk 16,1-8; Lk 24,1-12; Joh 20,1-13. Alle berichten aber, dass d) Maria Magdalena die Erste am Grab war.

Paulus kam auf einer Missionsreise in Seenot, das Schiff drohte zu kentern. Da erschien ihm ein Engel und versprach ... 7 b

Paulus war auf dem Weg zum Kaiser, der Tod musste warten. Und, so versprach der Engel, der ihn in der stürmischen Nacht besuchte, alle Menschen an Bord würden gerettet. Und ganz nebenbei sagte er: »Leider werden wir aber auf einer Insel stranden!« b) ist also richtig, und die spannende Geschichte steht in Apg 27.

8 b König David ließ eine Volkszählung durchführen, obwohl Gott es verboten hatte. Der Prophet Gad kam zu David und ließ ihn eine Strafe aussuchen. Ein Engel sollte sie dann ausführen. Welche Strafe wählte David?

David hatte aus seinen Fehlern gelernt: »Lieber fallen wir in Gottes Hand als in die Hände unserer Feinde.« Also wählte er b) die Pest. Und als es losgehen sollte… Am besten selbst lesen: 2 Sam 24.

9 d Was bezeichnet man als »Engelehe«?

Antwort d) ist zwar richtig, aber eigentlich schade.

10 c In einem Loblied in den Psalmen wird aus Engeln (Boten) symbolisch etwas anderes, nämlich …

Es sind c) die Winde. Ps 104,4.

11 c Jesus wird im Garten Gethsemane gefangen, einer seiner Begleiter will ihn verteidigen und schlägt einem Soldaten ein Ohr ab. Jesus gefällt das gar nicht. Er sagt: »Wenn ich meinen Vater bitten würde, schickte er mir gleich …«

Wörtlich spricht Jesus von »mehr als zwölf Legionen Engel«. Eine römische Legion umfasste damals 6.000 Soldaten. Antwort c) ist also korrekt. Siehe Mt 26,53.

Paulus schickt der Gemeinde in Rom einen Brief, der wie sein Testament klingt. »Nichts kann mich von der Liebe Gottes trennen«, schreibt er, »sogar die Engel nicht.« Und was wird (unter anderem) noch keine Trennung bewirken? 12 c

Paulus zählt noch einiges auf, und c) Kälte wird auch keine Trennung von der Liebe Gottes bewirken können. Lies Röm 8,35-39.

So stellte man sich im 13. Jh. v. Chr. das »heilige Spiel« eines Paares vor. Durch Handauflegung wird es von der Gottheit gesegnet.

Die Antworten

X.

Ein heißes Thema –
Sex & Crime in der Bibel

1 d **Der Kuss wird oft in der Bibel erwähnt. Welchen Kuss bezeichnet sie als »entsetzlich«?**

So aufgeregt war der Prophet Hosea selten: »Menschen küssen Kälber!«, rief er aus. Gemeint bei d) war allerdings ein aus Silber gegossenes Kultbild und der Götzendienst, dem sich die Menschen hingaben. Lies Hos 13,1-2.

2 c **In Grabkammern in Jerusalem wurden Steintafeln gefunden, die den Verstorbenen noch an das irdische Leben erinnern sollten. Was stellten sie dar?**

Richtig ist c): Frau mit großen Brüsten als Symbol für das irdische Leben.

3 b **Welcher Kuss wird in der Bibel noch heftig kritisiert?**

Wenn ein Schuldner mutwillig mit der Rückzahlung eines Darlehens in Verzug gerät und dem Kreditgeber stattdessen auch noch b) devot die Hand küsst .... also das geht gar nicht. Findet jedenfalls der Weisheitslehrer Jesus Sirach. Lies Sir 29,5.

4 d **Das Wort »Penis« kommt im Hebräischen nicht vor. Mit welchem Wort wurde das männliche Glied meistens umschrieben?**

Auch wenn einige Männer vielleicht auf eine der drei ersten Antworten gehofft haben – es ist d) Fleisch.

Jesus hatte sich gewünscht, dass von einem »schönen Werk« noch lange nach seinem Tod die Rede sein würde, nämlich ... 5 c

Die Jünger hielten es für Geldverschwendung, aber Jesus sagte nur: »Hört auf zu meckern und lasst die Frau in Ruhe! Es ist schön, was sie getan hat, und man wird sich noch lange daran erinnern.« c) ist also richtig. Siehe Mk 14,3-9.

Paulus schreibt den Gemeindemitgliedern in Korinth einen ernsten Brief. Worüber regt er sich so richtig auf? 6 c

»So etwas kommt nicht einmal bei den Heiden vor!«, schimpft Paulus. Und tatsächlich stand es sogar im römischen Recht unter Strafe: c) der Sexualverkehr mit der Mutter oder Stiefmutter ist gemeint.

Welche Frau nutzte ihre erotische Ausstrahlung, um einen Kriegshelden zu erobern und ihn im Schlaf seinen Feinden auszuliefern? 7 c

c) Delila ist richtig. Liebe war wohl nicht im Spiel, es ging vielmehr um Geheimnisverrat. Und für Delila war es nur ein gut bezahlter Job. Lies Ri 16. Spannende Geschichte!

8 c Die israelitische Stadt Gibea war um 1200 v. Chr. genauso moralisch verkommen wie vorher schon Sodom und die Nachbarstadt Gomorra. Als ein gar nicht so koscherer Levit mit seiner Nebenfrau dort auf der Durchreise übernachtet, …

Schreckliche Geschichte, und dann ist auch c) noch richtig. Für Menschen mit guten Nerven: lest Ri 19.

9 c Die Midianiter wollten die Israeliten dazu bringen, heidnische Götzen anzubeten, um ihren Gott zu erzürnen. Welche Strategie war erfolgreich?

Natürlich setzten sie die stärkste Waffe ein: c) ist korrekt. Lies Num 25,1-3.

10 b Gartenparty bei Jojakim und Susanna in Babylon. Zwei ältere Männer wollen die schöne Gastgeberin verführen, sie wehrt sich aber. Da drehen die Männer den Spieß um und verklagen sie wegen Unzucht. Vor Gericht …

Ein richtiger Krimi vom rechtzeitigen Eingreifen Gottes: Daniel rettet Susanna durch eine kluge Verteidigung, als sie schon auf dem Weg zur Hinrichtung ist. b) ist richtig. Aber bitte unbedingt lesen: Dan 13.

Die Israeliten mussten sich aus der Unterdrückung der Kanaaniter befreien. Sie lockten die Feinde in einen Hinterhalt; ihr Heerführer Sisera flüchtete zu Fuß – und landete im Zelt der Israelitin Jaël. Sie gab ihm Milch zu trinken, bereitete ihm ein Lager … 11 d

Es ging schon blutig zu damals: **d)** ist korrekt. Jaël schlug so kräftig zu, dass »der Zeltpflock noch in den Boden drang«. Lies Ri 4,17-24.

Als die Bundeslade nach Jerusalem überführt wurde, tanzte der König David sehr ekstatisch, geradezu erotisch vor ihr her. Wem gefiel dieser Tanz gar nicht? 12 c

Michal war empört: »Wie kannst du dich so benehmen? Du warst so peinlich!« Und David antwortete nur: »Ich habe für Gott getanzt, nicht für euch. Er wird mich schon verstanden haben …«. **c)** ist richtig, und die ganze Geschichte steht in 2 Sam 14-23.

Die Auswertung

Die Themen

I.
Der menschliche Körper – und wie die Bibel ihn sieht

II.
Überbringer schlechter Nachrichten – Die Propheten

III.
Das Finale – Endzeit und Offenbarung

IV.
Der Mutige – Mit Paulus unterwegs

V.
Ein neues Lied – Die Psalmen

VI.
Neues von – Jesus und seinen Jüngern

VII.
Von wegen Askese – Klöster und frühes Christentum

VIII.
Die Auserwählten – Das Volk Israel

IX.
Immer im Einsatz – Die Engel

X.
Ein heißes Thema – Sex & Crime in der Bibel

Summe: Punkte insgesamt

Meine Punktzahl

Die Siegerehrung

0-10 Punkte

Naja, was soll ich sagen? Ein guter Anfang ist gemacht. Und ich gebe zu: Es waren echt schwierige Fragen dabei. Sorry!
Ihr Level ist: Hausmeister/in

11-30 Punkte

Ja! Da ist doch schon ein gesundes Basiswissen vorhanden. Hier und da noch etwas mehr raten? Trauen Sie sich ruhig etwas zu!
Ihr Level ist: Küster/in

31-50 Punkte

Sie sollten überlegen, ob Sie nicht Theologie studieren wollen? Die Grundlage ist gelegt, Sie wissen schon vieles. Und wenn die Welt voll Teufel wär', wie Luther meinte, dann könnten Sie die auf jeden Fall verscheuchen.
Ihr Level ist: Gemeindeschwester

51-70 Punkte

Die Hälfte richtig! Das ist – großartig! Sie sind bestimmt in einer Familie aufgewachsen, in der das Tischgebet und die Abendandacht noch selbstverständlich waren. Das zahlt sich jetzt aus.
Ihr Level ist: Diakon/in

71-90 Punkte

Woher wissen Sie das alles? Sie haben's bestimmt studiert und stehen jetzt jeden Sonntag auf der Kanzel. Oder würden es zumindest gern.
Ihr Level ist: Pfarrer/in

91-120 Punkte

Sie haben geschummelt, oder? Wenn nicht, sind Sie ein Leuchtturm, ein Genie, ein Einstein! Sie könnten alles erreichen, wenn Sie nur wollten. Ich bin stolz auf Sie.
Ihr Level ist: Dr. theol. h.c. Besser geht's nicht.

MIX
Papier | Fördert gute Waldnutzung
FSC® C083411

Penguin Random House Verlagsgruppe FSC® N001967

1. Auflage

Abbildungen und Zeichnungen: Archiv Thomas Lardon
Druck und Bindung: CPI books GmbH, Leck
Printed in the EU
ISBN 978-3-579-07488-7
www.gtvh.de

Engelkarten von Thomas Lardon

Ein innovativer Zugang in eine offene biblische Spiritualität –
hochwertiges Kartenset mit umfangreichem Booklet

Die biblische Tradition kennt sie als wirksame Kräfte Gottes: Engel, die unser Leben als Boten des Himmels begleiten. Dieses Kartenset lädt ein, mit den vier biblischen Erzengeln eine spirituelle Alltagspraxis zu gestalten: mit dem Boten Gabriel, dem Heiler; mit Raphael, dem Hüter, mit Michael, dem Kämpfer, und Uriel als Bringer des Lichts. 48 hochwertige und sehr ansprechend gestaltete Impulskarten regen dazu an, die wesentlichen Attribute der Erzengel kennenzulernen.

Das Begleitbuch erschließt nicht nur die biblischen Grundlagen, sondern zeigt auch den praktischen Nutzen des Kartensets:
– als Inspirationsquelle für den Alltag
– als Teil der Morgen- oder Abendandacht oder
– bei konkreten Fragen zu Lebensereignissen.

Ein Kartenset, das hilft, neue Perspektiven zu finden und den Blick auf das Leben zu weiten.

GÜTERSLOHER
VERLAGSHAUS

www.gtvh.de